Susan Röse

Axel der Löwenhund

Axel the Lion Dog

translated by Johanna Ellsworth

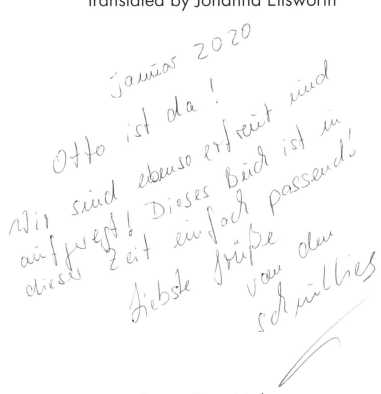

Januar 2020

Otto ist da!
Wir sind ebenso erfreut und
aufgeregt! Dieses Buch ist in
dieser Zeit einfach passend!
Liebste Grüße
von den
Schullies

Susan Röse Verlag

Inhaltsverzeichnis / **Contents**

Geburtstag

Heute ist der 25.04.1991, der Tag unserer Geburt.

Es ist Frühling, und in Mamas Bauch wird es langsam ein bisschen eng.

Luise drückt mich ständig mit ihrem dicken Hintern an Mamis Bauchdecke. Anton hat seine Vorderpfoten tief in meinen Bauch gequetscht. Sophies dicker Kopf ist an meinem Po wie angeklebt. Wir sind hier eine ganze Bande kleiner Hundebabys und gehen uns schrecklich auf die Nerven.

Mir reicht es jetzt wirklich! Ich will nur noch raus hier.

Mama stöhnt auch schon.

Wir gehen ihr ganz schön auf den Wecker – oder soll ich lieber auf die Nerven sagen? Sie kann einem nur leidtun. Sechs junge Hunde in einem einzigen Bauch. Stellt euch das nur vor!

Oh, ich glaub, jetzt geht's gleich los. Der Jakob ist schon fast geboren. Jakob, Sophie, Anton, Luise, Hilde, und jetzt komme ich.

Oh, oho, verdammt eng! Puh, jetzt geht es mir besser. Keiner mehr, der mich drückt, tritt, pufft und knufft. Es ist so hell hier und irgendwie kalt. Ist das die neue Welt, die wir nur aus dem Bauch unserer Mama kennen?

Da sind ja diese komischen Wesen, die Mama Menschen nennt. Die scheinen ganz schön erleichtert zu sein, dass wir nun alle da sind.

Die sagen ständig: „Sind die nicht süß?" Ich wusste gar nicht, dass wir aus Zucker sind. Oder: „Alles läuft gut, ohne Komplikationen!"

Birthday

Today is the 25th of April, 1991. The day of our birth.
It is spring and it's getting a bit crowded in Mummy's tummy.
Louise keeps pushing me to the wall of Mummy's tummy with her fat butt. Anthony is pressing his front paws deep into my stomach. Sophie's big head sticks to my behind like glue. There's a whole bunch of little baby puppies in here, and we're getting terribly on each others' nerves.
I've really had enough of this!
I just want to get out of here.
Mummy is groaning, too.
We're really driving her crazy, or should I say getting on her nerves. One should really feel sorry for her. Six little puppies all in one tummy. Just imagine!
Oh, I think it's starting now. Jacob is almost born already. Jacob, Sophie, Anthony, Louise, Hilda, and now it's my turn.
Oh oh, it's awfully narrow! Phew, now I feel better. No one there any more who's huffing or puffing, pushing or shoving me. It's so bright out here and kind of cold. Is that the new world we've only known from inside our mother's tummy?
These beings Mummy calls humans are funny creatures. They really seem to be relieved that we're all there now. They keep saying, "Oh, aren't they sweet?" I had no idea we were made of sugar. Or they say, "Everything's going well and without any complications!"

He, den kenn ich auch, das ist Mamis Doktor. Er war schon zweimal hier, als wir noch in Mamas Bauch waren. Autsch, was will der denn von mir mit diesem spitzen Ding? Da bin ich aber schwer enttäuscht.

Mama sagt immer: „Die Menschen sind unsere Freunde."

Au, es tut mir immer noch weh.

Wenn ich das gewusst hätte, wäre ich glatt in Mamis Bauch geblieben. So ein Schuft! Kaum ist man auf dieser verdammten Welt, da wird man schon gepikst.

Mama, Mama was soll das hier? Warum hilft mir denn keiner? Mama sagt, wir müssten uns hier piksen lassen, damit wir nicht krank werden. Die Menschen nennen das „impfen".

Was für ein komisches neues Leben.

Ich glaub, ich streike.

Irgendwie habe ich einen Riesenkohldampf.

Mama sagt, dass wir uns um das Essen jetzt selbst kümmern müssten.

Mir gefällt diese neue Welt einfach überhaupt nicht. Ich habe so schreckliches Heimweh und will unbedingt zurück in Mamis Bauch.

Stellt euch nur vor, jetzt muss ich auch noch in einer Schlange stehen, um etwas Essen zu bekommen. Ist ja unglaublich. Hilde drängelt sich ständig vor. Luise macht sich mit Jakob so breit, dass mir nichts übrig bleibt, als zu warten, bis ich endlich an der Reihe bin. Was für ein Aufstand. In Mamas Bauch ging alles viel einfacher. Endlich bin ich dran. Schmeckt gar nicht so schlecht! Unser Essen heißt jetzt „Milch". Daran könnte ich mich glatt gewöhnen, wenn es bloß nicht so anstrengend wäre.

Hey, I know this guy; he's Mummy's doctor. He was here twice already while we were still in Mummy's tummy.

Ouch, what the heck does he want from me with this sharp thing? I'm so disappointed.

Mummy keeps saying, "Humans are our friends." Ouch, it still hurts.

If I had known that, I'd have just stayed in Mummy's tummy. What an idiot! You're hardly in this darn world – and you already get pricked with a needle.

Mummy, Mummy, what's going on? Why isn't anybody helping me? Mummy says we have to be pricked with a needle here so we won't get sick. Humans call that "getting immunised".

What a strange new life.

I think I'll go on strike.

For some reason I'm as hungry as a bear.

Mummy says we have to get our food on our own now.

I don't like this new world at all. I'm so terribly homesick and just want to get back inside Mummy's tummy.

Imagine – now I even have to stand in line to get some food. It's really unbelievable. Hilda keeps pushing in front of me; Louise and Jacob are taking up so much space that all I can do is wait until it's my turn. What a mess! In Mummy's tummy everything was so much simpler. Now it's finally my turn. Doesn't taste half bad! Our food is now called "milk". I could easily get used to it if it wasn't so exhausting.

Mama sagt, wir würden jetzt eine Menge lernen. Wir müssen uns nicht nur selber um unser Essen kümmern, sondern sollen auch noch laufen.

Das fehlt mir gerade noch. Und einfach ist dieses Laufen auch nicht. Irgendwie komisch. Ich bin so müde von meiner neuen Welt, dass ich nur noch schlafen will. Und träumen werde ich von Mamis Bauch.

Mummy says we would learn a lot now. We not only have to get our food ourselves but are supposed to walk, too.

That's the last thing I need. And this walking stuff isn't easy, either. This new world makes me so tired that all I want to do is sleep. And I will dream of Mummy's tummy.

Axel

Ach so, ihr wisst ja noch gar nicht, wer ich bin. Ich bin Axel und gerade erst auf die Welt gekommen. Mein voller Name ist Axel vom Dalwigker Forst.

Meine Familie kommt ursprünglich aus Afrika. Meine Ur-Ur-Ur-Ur–Großeltern haben dort die Löwen gejagt. Deshalb heißen wir auch Löwenhunde.

Wir sind Jagdhunde und werden ziemlich groß. Unser Fell ist entweder hell oder dunkelbraun und ganz kurz und glatt. Wir haben hoch angesetzte Ohren, eine Stirn voller Falten und eine lange, kräftige, in einem leichten Bogen aufwärts getragene Rute, auch Schwanz genannt. Ich bin zwar noch sehr klein, aber an meinen Pfötchen kann man erkennen, dass ich groß und stark werde.

Ein typisches Merkmal für uns Löwenhunde ist, dass unser Fell auf dem Rücken gegen den Strich steht, man kann auch sagen, dass wir einen Haarstreifen auf unserem Rücken haben, der der Wuchsrichtung unseres Fells entgegengesetzt ist. Das weiß ich von den Menschen. Das bedeutet, dass ein Teil unseres Fells auf dem Rücken in eine andere Richtung zeigt als das übrige Fell. Die Menschen nennen das Ridge. Deshalb heißen wir auch Rhodesian Ridgeback. Löwenhund gefällt mir eigentlich viel besser.

Mami hat erzählt, dass unsere Familie die Löwen dadurch gejagt hat, dass sie wie der Blitz gerannt sind. Stellt euch das nur vor, direkt in den Löwen hinein! Ich glaub, wir Löwenhunde sind ganz schön mutig. Die Menschen erzählen sich, dass wir gute Wachhunde sind. Wir Löwenhunde seien besonders sensibel, tapfer, mutig, intelligent und haben einen Sechsten Sinn für Gefahren.

Axel

Right, you don't know who I am yet. I'm Axel and I was just born. My full name is Axel of Dalwigker Forst.

My ancestors come from Africa. My great-great-great-great-grandparents used to hunt lions there. That's also why we are called lion dogs.

We are hunting dogs and get pretty big. Our fur is either light or dark brown and very short and smooth. We have high-set ears, a wrinkled forehead and a long, strong, curved, slightly raised tail.

I'm still very small but you can tell by my paws that I will be big and strong when I'm grown up.

A typical trait for us lion dogs is that our fur stands up on our backs; you could also say that we have a line of hair on our backs that grows against the grain. I know that from humans. It means that part of the fur on our backs points in a different direction than the rest of our fur. Humans call it a ridge. That's why our official name is Rhodesian Ridgeback. But I like 'lion dog' better.

Mummy told us that our ancestors used to hunt lions by running as fast as lightning. Just imagine running right towards the lion! I think we lion dogs are pretty gutsy. Humans say that we are good guard dogs and that we are particularly sensitive, brave, courageous, smart and have a sixth sense for danger.

Mami sagt immer: „Ihr seid ganz schöne Dickschädel."
Ich weiß halt, was ich will! Zurück in Mamas Bauch!

Mummy always says, "You're so stubborn."
That's because I know what I want: to get back into Mummy's tummy!

Besuch

Wir sind ganz schön beschäftigt: trinken, laufen, spielen. Das macht ziemlich müde.

Heute hatten wir Besuch. Wieder so eine Familie. Das scheint ein Volkssport zu sein. Die kommen her und dann geht das wieder los. „Sind die nicht süß?" „Ach wie süß!" Ich weiß gar nicht genau, warum die sagen, dass wir süß sind. Von mir hat zumindest noch keiner gekostet. Ganz schön komisch diese Menschen!

Ich sage euch, die können einem wirklich auf die Nerven gehen. Wir können es schon nicht mehr hören. Doch dann werden wir angeschaut wie auf einer Modenschau. „Ist der schön!" „Und die erst." „Schau, der mit dem weißen Fleck auf der Brust."

Das bin ich! Irgendwie gewinne ich den Eindruck, die wollen etwas von mir. Wenn ich nur wüsste, was das alles soll.

He Mama, es wird immer schlimmer mit denen!

Die wollen mich adoptieren?

Nein, nur nicht weg von Mami, Luise, Anton, Hilde, Jakob und Sophie. Was sagst du da?

Die wollen unsere Familie trennen. Das ist ja unglaublich. Ich soll weg von Mama und sie nie wieder sehen. Mama mach doch was, wir sind doch deine Kinder.

Warum beißt du denn nicht?

Manchmal sind die Menschen ja ganz nett. Wir werden gestreichelt, auf den Arm genommen und gedrückt.

Visitors

We're really busy: drinking water, running, playing. That really tires you out.

Today we had visitors. Another one of these families. It seems to be some kind of popular sport. They come here and keep saying, "Aren't they cute?" or "How sweet!" I don't really know why they keep calling us sweet. None of them has ever tasted me. These humans are very strange!

I tell you, they can really get on your nerves. We don't want to hear it any more. But every time they look at us as if we were models at a fashion show.

"This one is really beautiful!" "And this one is, too." "Look at the one with the white spot on his chest."

That's me! I'm starting to get this funny feeling that they want something from me. If only I knew what this was all about.

Hey Mummy, it's getting worse and worse with them!

They want to adopt me?

No, I don't want to be taken away from Mummy, Louise, Anthony, Hilda, Jacob and Sophie! What are you telling me?

They want to split up our family. That's unbelievable. They plan to take me away from Mummy so I'll never see her again. Mummy, do something – after all, we're your children!

Why don't you bite them?

Some of these humans aren't bad. They pat us, pick us up and hug us.

Stellt euch nur vor, was mir da eben passiert ist.

Da kommt so ein Menschenmund an mein Hundeohr und drückt seine Lippen direkt darauf.

Ich kann euch sagen, mein armes Ohr.

Es fühlt sich irgendwie nass an.

Dann heißt es wieder: „Ist der nicht süß."

Die wollen mich! Ich kann machen, was ich will. Wenn ich ehrlich bin, ist das mit dem Kuss gar nicht so schlecht. Meine Ohren könnten sich an diesen Zustand gewöhnen.

Oh, jetzt ist es so weit, die wollen mich entführen.

Mami, Mami warum gerade ich?

Schuld ist nur der weiße Fleck auf meiner Brust. Genau, der ist Schuld! Dieser Schuft.

Alles geht so schnell, dass ich mich von Mami und meinen Geschwistern noch nicht einmal richtig verabschieden kann. Mir kommen die Tränen. Und was ist das? So ein komisches Ding auf vier Rädern. Da will ich nicht rein. Riecht irgendwie komisch. Ich glaub, mir wird schlecht.

Mami, Mami hol mich hier raus, ich liebe euch doch.

Mami sagt, dass die nun meine neue Familie sind.

Ich will auch auf meine geküssten Ohren verzichten.

Mami, ich will zu dir. Warum nimmst du mich nicht sanft in dein Maul, wie du es immer mit uns getan hast, wenn wir gerade wieder etwas angestellt hatten? Ich halte es vor lauter Kummer nicht aus. Die sind zwar alle sehr besorgt, doch ich will nur das eine: zurück zu meiner Familie. Das Teil bewegt sich sogar. Mir wird ganz komisch. Das soll ein Auto sein? Was für eine blöde Sprache.

Just imagine what has just happened to me.

Suddenly this human mouth comes really close and pressed its lips on my ear.

My poor ear, I'm telling you.

Now it feels wet somehow.

Then they say again, "Isn't he sweet?"

They want me! There's nothing I can do about it. To be honest: That business with the kiss wasn't all that bad. My ears could get used to that kissy stuff. Oh, now the time has come – they want to dognap me.

Mummy, Mummy, why does it have to be me?

This is because of that white spot on my chest! That's the culprit! Traitor.

Everything is going so fast that I can hardly say goodbye to Mummy and my siblings. My eyes fill up with tears. And what's this strange thing with four wheels? I don't want to go in there. It smells funny. I think I'm going to be sick. Mummy, Mummy, get me out of here! After all, I love all of you.

Mummy says that this is my new family now.

I can do without my ears being kissed. Mummy, I want to stay with you. Why don't you take me gently into your mouth the way you always did when we got into trouble? I'm so sad I think my heart will break. They're all making a fuss over me but I just want one thing: to go back to my family. This thing's even moving. It makes me dizzy. It's called a car. What a stupid language.

Abschied von Mama und meinen Geschwistern

Meine Trauer um meine Familie wird immer schlimmer, je weiter sich dieses dumme Ding von Mami entfernt.
Ich bin doch erst zehn Wochen alt. Bitte, ich will wieder nach Hause. Wenn die sich einbilden, dass ich auch nur ein Wort mit meinen Entführern spreche, dann haben sie sich getäuscht.
Alle sind nett zu mir. Doch ich will nur zurück zu meiner Mama.

Goodbye, Mummy and My Brothers and Sisters

The more this stupid thing keeps moving me away from Mummy, the more I miss my family.

I'm only ten weeks old after all. Please, let me go back home. If my kidnappers think I'll say even one word to them, they're mistaken.

Everybody is really nice to me. But all I want is to go back home to my Mummy.

Mein neues Zuhause

Endlich hält dieses Auto.
Hat nicht viel gefehlt, und ich hätte mich übergeben.
Alle sind fröhlich, nur mir ist diese Willkommensparty zu blöd. Da kommt mein neues Herrchen mit einem Pulli. Ich soll darin schlafen, damit ich nicht so allein bin und weiß, dass meine neue Familie für mich da ist.
Die können machen was sie wollen, ich will nur zurück.
Die Menschen sagen, dass ich Heimweh hätte.
Sie wissen, was mir fehlt, aber keiner bringt mich zurück!

My New Home

Finally this car stops.

I nearly threw up.

Everybody is very happy but I find this welcome party stupid. There's my new master carrying a sweater. I'm supposed to sleep in it so I won't feel so lonely and so I know that my new family is there for me.

They can do whatever they want – all I want is go back home. The humans say that I'm homesick.

So they know what I'm missing but still none of them takes me back home!

Heimweh

Die erste Nacht bei meiner neuen Familie war einfach schrecklich.

Ich musste ständig an Mami denken und habe viel geweint. Meine neue Familie war so nett zu mir, doch mir war das alles völlig egal. Ich wurde geliebt, gehätschelt und getätschelt, trotzdem war ich immer noch stinksauer.

Vor Wut habe ich alles, was mir so vor die Nase kam angeknabbert: erst die Schuhe von Herrchen, dann die von Frauchen, den Pullover, meine Kuscheldecke, die Möbel, die Tapeten und alles was noch so da rum stand und so aussah, als könnte man es essen oder damit spielen.

Meine Neugier konnte ich kaum bremsen. Ich wohne jetzt schon ein paar Tage bei meiner neuen Familie, obwohl ich erst dachte, vor lauter Heimweh in der ersten Nacht sterben zu müssen.

Ja, so traurig war ich!

Jetzt geht es mir schon viel besser.

Diese Menschen bemühen sich wirklich um mich. Sie tun alles dafür, dass es mir hier besser geht und ich mich bei ihnen wohlfühle.

Mein Lieblingsspielzeug ist dieses komische Ding, das meine neue Mama Handtuch nennt. Wenn ich so ein Ding erwische, ist es vor mir nicht mehr sicher. Ich liebe es, sie mit Löchern zu durchbohren. Diese Handtücher sehen mit Löchern einfach viel besser aus. Das ist mein Stil. Vielleicht sollten die Menschen von mir lernen und gleich Handtücher mit Löchern herstellen, aber irgendwie scheint mein neues „Design" den Menschen nicht so zu gefallen. Ich bin aber immer noch ganz begeistert.

Homesick

My first night with my new family was simply horrible.
I couldn't stop thinking of Mummy and I cried a lot. My new family was really nice to me but I didn't care one bit. They loved and pampered and petted me but I was still hopping mad.
I was so angry that I started to chew on everything I could see: first my master's shoes, then those of my mistress, then the sweater, my security blanket, the furniture, the wallpaper and anything else that was around and looked like you could eat it or play with it.
I could hardly control my curiosity. By now I've lived with my new family for a little while but during my first night there I thought I'd die of homesickness.
Yes, that's how sad I was!
Now I feel a lot better.
These humans really care about me. They try everything in their power to make me feel better and at home with them.
My favourite toy is this funny thing my new mummy calls a towel. When I get my paws on one of those, it doesn't stand a chance. I love to chew holes into them. These towels just look a lot nicer with holes in them. That's my decorating style. Perhaps these humans could learn something from me and make towels with holes in them to begin with but somehow my new "design" doesn't seem to really please them. However, I love it.

Meine neue Familie hat sich erst totgelacht, dann haben sie mit mir geschimpft.

Ich glaub, sie verstehen noch nicht so viel von meiner Erziehung. Denn irgendwie ist mir immer noch nicht ganz klar, ob ich diese Dinger nun zerknabbern darf oder nicht. Erst finden sie das Ganze komisch, dann wird mir klar gemacht, dass diese Tücher kein Spielzeug für mich sind. Herrchen sagt: „Hier mein Freund, das ist dein Spielzeug!" Ein Ball, ein Teddy, ein Kauknochen und so weiter.

Sie haben immer noch nicht verstanden, dass ich mein eigenes Spielzeug bevorzuge und mir meine Spiele selbst ausdenke. Dazu brauche ich keinen Ball oder sonst irgendetwas Langweiliges.

Na warte, denen werd ich es zeigen, zuerst knöpfe ich mir den blöden Ball vor. Igitt, der schmeckt ja scheußlich. Den werde ich so zerknabbern, bis man ihn nur noch in den Mülleimer werfen kann.

Den Teddy lasse ich heil, der riecht nach meiner Freundin. Aber zum Spielen ist der auch irgendwie zu langweilig.

Da ist ja immer noch der Kauknochen. Zum Spielen taugt der auch nicht. Wartet, den vergrab ich jetzt irgendwo im Garten. Bloß wo?

Der Platz unter dem Birnbaum scheint mir geeignet zu sein. So vergehen hier die Tage. Ich denke noch oft an Mami, Anton, Luise, Jakob, Hilde und Sophie, aber mit dem Heimweh ist es nun nicht mehr ganz so schlimm.

First my new family cracked up laughing; then they scolded me.

I think they don't really know much about training me yet, because I'm still not totally sure whether I can chew on these things or not. First they think it's funny but then they let me know that these towels are not my toys. My master says, "Here, buddy, this is your toy!" A ball, a teddy bear, a chewing bone and so on.

They still don't understand that I prefer my own toys and like to come up with my own games. I don't need a ball or any other boring dog toy for that.

Just wait – I'll show them. First I take care of this stupid ball. Yuck, it tastes terrible. I'll chew it up until they can only throw it away.

I leave the teddy bear alone; after all it smells like my friend. But it's really too boring to play with, too.

Then there's still the chewing bone. It's nothing you can play with. Oh well, I'll just bury it somewhere in the yard – but where?

The spot under the pear tree looks suitable…

This is how the days pass by. I still think about Mummy, Anthony, Louise, Jacob, Hilda and Sophie often but I'm not that homesick any more.

Meine neue Familie

Mein Herrchen heißt Paul, mein Frauchen Charlotte.
Paul kümmert sich um meine Erziehung.
Ich habe gelernt, dass ich mein Geschäft nicht im Haus machen darf, dafür gibt es hier ein Feld. In so einem Feld gibt es ganz viele Wiesen, Bäume, Sträucher und Äcker. Da ist mein Klo, und nicht etwa in unserem schönen Garten. Mit Paul bekomm ich immer dann Ärger, wenn ich gerade wieder irgendetwas angeknabbert habe, was ich nicht anknabbern darf.
Jeden Morgen gehen wir zu einem Hundetreff. Hier kann ich mich so richtig austoben. Ich habe auch schon ein paar Hundefreundschaften geschlossen. Charlotte kümmert sich um mein Essen. Meistens kocht sie mir etwas Schönes.
Manchmal gibt es auch so einen Mist aus der Dose, das schmeckt einfach scheußlich.
Mein Lieblingsgericht sind Rigatoni, das sind italienische Nudeln mit Hühnerfleisch im Gemüsesud.
Ich kann euch sagen, eine wahre Delikatesse.
In meiner neuen Familie habe ich nur zwei Schwestern: Sophie und Lara.
Lara wohnt nicht mehr bei uns. Sie hat schon eine eigene Familie und wohnt hier ganz in der Nähe. Laras Sohn Tobias mag ich besonders gern, und Laras Hund Igo ist mein bester Freund.
Sophie aber ist nicht nur meine Schwester, sondern auch meine Freundin. Wir verstehen uns einfach prima. Manchmal denke ich, sie spricht meine Sprache. Sie weiß immer, wie es mir geht, was mir fehlt oder was ich brauche. Sie ist auch für meine Erziehung zuständig.

My New Family

My master's name is Paul; my mistress calls herself Charlotte.

Paul is in charge of my training.

I've learned that I can't pee and poop inside the house. There are special areas for that outdoors. One of these areas has lots of meadows, trees, bushes and fields. That's where my loo is, not in our lovely garden. I always get in trouble with Paul when I have chewed on something I'm not supposed to chew on.

Every morning we go to this meeting place for dogs. There I can really let off some steam. I already found some canine friends.

Charlotte takes care of my food. Usually she cooks a tasty meal for me. Sometimes I get served this nasty canned food which tastes yucky.

My favorite meal is rigatoni pasta – Italian noodles with chicken in a vegetable broth.

Real gourmet food, I tell you.

I only have two sisters in my new family: Sophie and Lara. Lara doesn't live with us any more. She has her own family now and lives nearby. I especially like Lara's son, Toby, and Lara's dog, Igo, is my best friend.

However, Sophie isn't just my sister; she's also my friend. We get along really well. Sometimes I think she speaks my language. She always knows how I feel, what's wrong with me or what I need. She's also in charge of my training.

Sophie und Charlotte müssen mich ab und zu baden.

Paul drückt sich immer davor, weil er weiß, wie gern ich bade, Wasser konnte ich noch nie leiden, ich versteh überhaupt nicht, warum man baden soll.

Auf jeden Fall mach ich dann immer ein Riesentheater. Paul ist meinen Gefühlsausbrüchen nicht gewachsen, deshalb müssen beim Baden die Mädels ran, sie haben einfach die besseren Nerven. Es gibt dann auch noch zwei Omas und einen Opa und jede Menge Verwandte, Freunde und Nachbarn.

Hoffentlich hab ich keinen vergessen!

Once in a while Sophie and Charlotte have to give me a bath.

Paul always weasels his way out of it because he knows just how much I hate to take a bath; I've never liked water and just don't understand what baths are supposed to be good for.

Anyway, I always make a huge fuss. Paul can't deal with my temper tantrums; that's why the girls have to do the bathing part; they simply have nerves of steel. Then there are also two grannies and one grandpa and lots of relatives, friends and neighbours.

I hope I didn't forget anybody!

Mein erster Spaziergang

Ich bin erst einige Wochen alt.

Toben, spielen und Blödsinn machen kann ich den ganzen Tag, aber wenn ich länger laufen soll, geht mir die Puste aus und meine Beine streiken.

Ich glaub, das liegt daran, dass meine Knochen noch ganz weich sind. Es soll drei Jahre dauern, bis sie stabil sind und ich sie richtig belasten kann.

Die Menschen sagen, dass wir Löwenhunde erst mit drei Jahren körperlich und seelisch voll entwickelt sind. Ich glaub, wir sind Spätentwickler, was immer das auch heißen mag.

Es dauert einfach etwas länger, bis wir richtig fit für unser Hundeleben sind, dafür sind wir dann aber umso fitter.

Mein erster Spaziergang mit Sophie verlief so, dass ich nach ein paar Minuten nicht mehr laufen konnte. Da habe ich einfach meine Beine in die Erde gestemmt und habe gestreikt.

Sophie hat noch versucht, mir gut zuzureden, aber sie hat schnell gemerkt, dass das nicht viel hilft. Sie hat mich dann auf ihren Arm genommen und mich nach Hause getragen. Das war einfach toll!

My First Walk

I'm only a few weeks old.
I can run and play and get into trouble all day long but when I have to walk longer distances I get out of breath and my legs go on strike.
I think the reason for that is that my bones are still really soft. It's supposed to take three whole years before they will be strong enough for me to really burden them.
The humans say that we lion dogs are not fully developed physically and emotionally until we are three years old. I think we're late bloomers whatever that means.
It just takes a bit longer before we're really fit for our dog lives – but then we're really fit. On my first walk with Sophie I couldn't walk any more after a few minutes. So I just dug my paws into the ground and refused to take another step.
First Sophie tried to coax me with words but soon she learned that that didn't help much. So she picked me up and carried me home. That was great!

Wie erzieht man seine Familie?

Ihr müsst wissen, dass ich genau weiß, was ich will. Manchmal möchte ich auch nur mal meine Ruhe haben. Jedes Streicheln nervt mich dann ungemein.

Ich liebe es einfach, mich in mein Körbchen zu kuscheln und mich auf meine warme Schmusedecke zu legen.

Mein Körbchen steht übrigens in der Küche.

Meinen Kopf drücke ich in mein kleines Kissen, und ganz in meiner Nähe sitzt mein Teddy und bewacht mich, bis ich ausgeschlafen habe.

Beim Schlafen möchte ich nicht gestört werden, denn ich träume dann von meinen vielen Freunden und Freundinnen. Wenn mich einer von meiner Familie weckt, bin ich oft ziemlich sauer.

Abends schlafe ich nicht in meinem Körbchen in der Küche, sondern gehe in meine eigene Wohnung in den Keller.

Dort stehen mein Bett, eine alte Matratze und außerdem ein zweites Körbchen.

Ich kann mir eben aussuchen, wo ich lieber schlafen möchte.

Morgens kommt Paul, um mich zu wecken. Aber nicht immer ist mir das recht. Wenn es regnet, bleib ich liegen und Paul kann machen, was er will. Er hat es schon aufgegeben, mich zum Spazierengehen zu animieren.

Wenn es regnet, habe ich eben keine Lust. Paul hat's kapiert. Manchmal sind die Menschen so beschäftigt: Charlotte kocht, Paul liest, Sophie ist mal wieder weg. Dann gehe ich zu Paul und lege ihm einfach meinen Kopf auf den Schoß. Das heißt dann soviel: He, ich bin auch noch da und möchte gerade jetzt von dir gestreichelt werden.

How to Train Your Family

You have to understand that I know exactly what I want. Sometimes I just want to be left alone. Petting me really gets on my nerves at these times.

I just love to lie in my basket and snuggle up on my warm and cosy blanket.

By the way, my basket is in the kitchen.

I put my head on my little pillow while my teddy bear sits nearby and watches over me until I wake up again.

When I sleep, I don't want to be disturbed because then I dream of my many friends. I can get pretty mad if one of my family members wakes me up

At night I don't sleep in my basket in the kitchen. I go into my own little apartment in the basement instead.

That's where my bed – an old mattress – and another dog basket are.

I get to pick where I'd rather sleep.

In the morning Paul comes down to wake me up. But I don't always like that. When it rains, I just stay put and Paul can just forget it. He has already given up on trying to get me to go for a walk.

I just don't feel like going outside when it's raining. Paul understands that now. Sometimes my humans are really busy: Charlotte is cooking, Paul is reading, Sophie has gone out as usual. Then I go to Paul and put my head on his lap. That means something like: Hey, I'm still here and I want to be petted by you right now.

Paul weiß, dass er jetzt keine andere Möglichkeit hat, als mich zu streicheln.

In unserem Haus kann ich eigentlich machen, was ich will. Nur im Wohnzimmer habe ich einen festen Platz. Charlotte ist da irgendwie ein bisschen komisch. Wenn ich nicht da liege, wo ich eigentlich liegen soll, gibt es Ärger.

Ich probier's immer wieder. Aber gegen Charlotte habe ich keine Chance.

Das mit der Schule ist auch so eine Sache. Manchmal macht es einen Riesenspaß. Sophie ist meine Lieblingslehrerin. „Sitz, Platz, komm" und all die anderen Sachen funktionieren schon ganz gut. Sophie sagt, dass ich eigentlich ganz gut erzogen bin, aber meine gute Erziehung versagt völlig, wenn ich verliebt bin.

Irgendwie kann ich mich dann an all das, was ich je gelernt habe, nicht mehr erinnern. Vielleicht will ich es auch gar nicht. Dann interessiert mich nur noch die Hundedame, die mich gerade am meisten beeindruckt hat, und sonst nichts. Auch das Essen ist mir dann egal: Mein Lieblingsgericht, die Rigatoni, können so gut riechen, wie sie wollen. Manchmal denke ich, dass es meine Familie nicht immer leicht hat mit mir und meinem Eigensinn.

Then Paul knows that he has no other option than to pet me.

I can do pretty much as I please in our house. The living room is the only room where I have to lie in a certain place. Charlotte is a bit funny when it comes to that. If I don't lie where I'm supposed to, I get in trouble.

Not that I don't keep trying. But I don't stand a chance against Charlotte.

School is also a thing like that. Sometimes it's real fun. Sophie is my favourite teacher. I've got "Sit. Down. Come here" and all these other commands pretty much down pat already. Though Sophie says that I'm rather well trained, I forget all about my good manners when I'm in love.

Somehow then I can't remember all the things I've learned any more. Perhaps I don't want to remember anyway. At that point the only thing that interests me is the doggy lady that impresses me the most at that moment and nothing else. Then I don't even care about food: My favourite meal, rigatoni, can smell more delicious than anything. Sometimes I think it's not always easy for my family to handle me and my stubbornness.

Meine Freunde

Igo ist mein bester Freund. Mit ihm kann ich über alles sprechen, was mich bedrückt. In der Nachbarschaft gibt es jede Menge Hundedamen.
Ich kann euch sagen, das ist ein ganz schöner Stress. Man weiß gar nicht, wen man nun lieben soll!
Meine Gefühle ändern sich ständig.
Manche von den Damen sehe ich jeden Morgen beim Hundetreff. Einige sind ganz verrückt nach mir. Die wollen ständig mit mir spielen. Manchmal langweilt mich das ungemein. Es gibt auch Hunde, die keine Lust haben, mit mir zu spielen. Ich glaub, denen bin ich zu temperamentvoll. Igo ist da ganz anders, der kann spielen, spielen und spielen. Da geht mir fast die Puste aus, und das will schon was heißen.

My Friends

Igo is my best friend. I can talk to him about anything that's on my mind. There are a lot of doggy ladies in my neighbourhood.
That's rather stressful, I tell you. I don't even know whom to love!
My feelings are constantly changing.
I see some of these ladies at the meeting place for dogs every morning. Some of them are really crazy about me. They always want to play with me. It can get pretty old. There're also dogs that don't feel like playing with me. I think I have too much energy for them. Igo is different; he can play, play and play again. I almost run out of breath playing with him and that means something.

Stress zuhause

Sophie hat mal wieder Ärger mit Charlotte. Auch noch in der Küche. Ich muss das ganze Theater mitanhören. Ich glaub, es geht mal wieder um mich.
Heute kommt Besuch, und deshalb soll ich nicht ins Wohnzimmer, meint Charlotte. Die stellt sich immer so an. Dieses Theater gibt es nur, wenn Besuch kommt und Charlotte Angst hat, eins meiner Haare auf ihrem Esstisch zu entdecken.
Stellt euch das nur vor! Ich darf nicht auf meinen Lieblingsplatz, weil Paul und Charlotte Besuch bekommen. Wie gut, dass ich Sophie habe, die ist immer auf meiner Seite. Sie findet das auch einfach lächerlich.
Sophie setzt sich immer für mich ein und versucht Charlotte mit ihren Argumenten doch noch davon zu überzeugen, dass ich einfach dazugehöre, Haare hin, Haare her.
Ein paar Gäste mögen mich nicht so sehr. Das könnte daran liegen, dass ich mich so sehr über sie freue und sie zu stürmisch begrüße oder sie schmutzig mache. So ein Blödsinn! Auch mein ungeheures Temperament und meine fast unerschöpfliche Energie gehen manchen Leuten auf die Nerven.
Die Allerschlimmsten sind die, die selbst keine Hunde haben. Aber es gibt auch immer Ausnahmen.

Stress at Home

Charlotte is arguing with Sophie again. And in the kitchen of all places so I have to listen to the whole rigmarole. I think it's about me again.

We expect guests today, and that's why I'm not supposed to go into the living room, Charlotte says. She always makes this big fuss – but only when there are visitors and Charlotte worries about finding one of my hairs on her dinner table.

Just imagine that! I can't lie on my favourite spot because Paul and Charlotte have guests over.

It's a good thing that I have Sophie; she's always on my side. She thinks it's just ridiculous, too.

Sophie always puts in a good word for me and tries to persuade Charlotte by arguing that I'm part of the family, hair or no hair.

Some of the guests don't like me all that much. That could be because I'm so happy to see them that my welcome is too wild or I make them dirty. What nonsense! Some people also don't appreciate my enormous spirit and my nearly inexhaustible energy.

The worst visitors are those who don't have dogs of their own. Yet there are always exceptions, of course.

Sophie kann sagen, was sie will. Charlotte hat beschlossen mich aus dem Wohnzimmer zu verbannen, bis der Besuch wieder weg ist. Da hilft alles nichts. Sophie ist sauer und knallt mit der Tür. Es ist besser, wenn ich aus Solidarität auch abhaue. Die Stimmung hier ist einfach zu schlecht. Dann verdrücke ich mich eben, bis Charlottes Laune wieder annehmbar ist.

Der Besuch ist gegangen, und ich war für einige Zeit in der Küche.

Sophie und ich haben einen langen, schönen Waldspaziergang gemacht. Das liebe ich an dem sonst so lästigen Besuch, dass Sophie dann meist hier ist und wir viel gemeinsam unternehmen.

Wenn der Besuch dann endlich wieder weg ist, ist Charlotte auch wieder die Alte, und ich werde sogar gelobt, dass ich so brav war. Irgendwie komisch, denn die meiste Zeit war ich mit Sophie weg.

Dann gibt's meist irgendetwas ganz Besonderes zu essen, und ich darf endlich wieder auf meinen Lieblingsplatz im Wohnzimmer, direkt neben den Sessel von Paul. Jetzt brauch ich dringend eine gute CD. Damit ich mich entspannen kann von meinem Stress mit Charlotte.

No matter what Sophie says, Charlotte has decided to ban me from the living room until the visitors have left. It's hopeless. Sophie is upset and bangs the door shut. It's better if I go away too, out of solidarity. The atmosphere is simply awful here. So I'll just get out of the way until Charlotte's mood is bearable again.

The guests left and I was in the kitchen for a while.

Sophie and I took a beautiful long walk in the woods together. The part I love about these visitors – who are a pain in every other way – is that Sophie is usually here then and that we get to do a lot together.

After the visitors have finally left, Charlotte is her old self again and I even get praise for being such a good dog. Funny, because most of the time I was gone with Sophie anyway.

Then I usually get some special treat and get to go to my favourite spot in the living room, right next to Paul's easy chair. Now I really need a good CD so I can relax from the stress I had with Charlotte.

Das Wohnzimmer

Mein absoluter Lieblingsplatz ist im Wohnzimmer.
Wenn Charlotte nicht da ist, leg ich mich auch schon mal auf einen anderen Platz, zum Beispiel vor die Couch unter den Tisch. Alles streng verboten! Oder ich tobe im Wohnzimmer und knabbere an dem Teppich. Hoffentlich sieht mich keiner! Es könnte Ärger geben. Auf meinem richtigen Platz, gleich neben Pauls Sessel, liegt immer ein Tuch. Darauf besteht Charlotte.
Irgendwie macht sie sich immer Sorgen wegen ihres Teppichs. Mein Tuch muss alle paar Tage ausgewechselt werden. Wenn es keiner sieht oder der Zufall es so will, dass ich gerade allein bin, bekommt mein Tuch mein berühmtes Lochdesign.
Nach dem Essen ist Löcher knabbern mein Lieblingsspiel. Ich steh nun mal auf Tücher und Handtücher jeder Art. Am liebsten spiele ich damit Handtuchjagd.
Sophie muss das Tuch halten, und ich versuch es, ihr abzuluchsen. Das macht riesig Spaß! Ist mit vollem Magen jedoch nicht immer empfehlenswert.
Zurück zu meinem Lieblingsplatz, dort liege ich oft und lausche der Musik.
Ich liebe Schubert, Beethoven ist auch nicht schlecht oder irgendeine Oper. Ich liebe diese Musik.
Die Menschen sagen, das wäre klassische Musik, was immer das auch heißen mag; ich liebe sie.
Zum Träumen und Entspannen nach einem harten Hundetag ist sie genau das Richtige. Deshalb ist der Platz im Wohnzimmer mein Lieblingsplatz, und wenn dann alle da sind, geht es mir so richtig gut.

The Living Room

My absolute favourite spot is in the living room.
Sometimes when Charlotte isn't around, I lie down somewhere else, like under the table in front of the couch. All strictly forbidden! Or I race around the living room and chew on the rug. Hopefully no one will catch me doing that! Then I could get into serious trouble. There's always a towel spread out on my official spot right next to Paul's chair. Charlotte insists on that.

For some reason she's always worrying about her rug. My towel has to be replaced by another one every couple of days. When nobody is watching or if I happen to be by myself, my towel gets my famous hole design.

Chewing holes into pieces of cloth and towels is my second most favourite thing to do after eating. I just have a thing for any kind of cloth and towel. My favourite game is chasing towels.

For that Sophie has to hold the towel and I try to grab it from her. That's so much fun! However, it's not always a good idea on a full stomach.

Back to my favourite spot: That's where I often lie and listen to music.

I love Schubert; Beethoven or any opera isn't bad either. I love this kind of music.

The humans say that it is classical music, whatever that's supposed to mean. I just love it.

It's just the right thing for dreaming and relaxing after a hard dog's day. That's why that spot in the living room is my favourite spot, and when everybody is around, I'm really happy.

Die Küche

An meinem Lieblingsplatz kann es mir noch so gut gefallen, wenn Charlotte kocht oder sie die Familie zum Essen ruft, renne ich so schnell ich kann zur Küchentür und stoße sie mit meinem Kopf auf, sodass sie meist donnernd an die Wand knallt.

Essen war die erste Vokabel, aus der Menschensprache, die ich gelernt habe.

Nur meinen die nicht mich damit: Die Familie isst, und ich darf schmachten, bis ich dran bin.

Aber egal, Charlotte hat ein großes Herz! Sie kocht ja auch für mich, und oft bekomme ich hier auch Sachen von ihr nur zum Naschen. Wenn Charlotte kocht, liege ich in meinem Körbchen und lasse mir die Düfte um die Nase wehen, in der Hoffnung, dass ich probieren darf. Oder ich schau ihr vom alten Holzofen aus zu, auf dessen Tür ich meinen Kopf lege.

Hier duftet es nicht nur unheimlich gut, meine Ohren werden auch gleich gewärmt.

Dieser Ofen ist einfach großartig. Holz heizt besonders gut. Diese Wärme ist viel intensiver als bei der Heizung im Wohnzimmer. Auch deshalb liebe ich die Küche.

The Kitchen

No matter how much I love my favourite spot – when Charlotte starts to cook something or tells her family that the food is ready, I run to the kitchen door as fast as I can and push it open so that it usually smashes against the wall with a loud bang.

Food is the first word of the human language I learned. The only problem is that they don't include me: The family eats and I have to wait hungrily until it's my turn.

But it doesn't matter. Charlotte has a big heart; she cooks for me, too, and she often gives me a treat on the side. While Charlotte is cooking, I lie in my basket and let the smells waft around my nose in the hopes of getting to taste the food. Or I'll watch her from the old wood-burning stove while leaning my head on its door.

It not only smells delicious here but I can warm my ears on the oven, too.

This oven is absolutely wonderful. Wood heats particularly well. This heat from the oven is a lot more intensive than the heater in the living room. That's another reason why I love the kitchen.

Schon wieder Baden

Wenn ich eins hasse, dann ist es Wasser.

Alle paar Monate muss ich baden, was für ein Drama!

Ich seh sie schon auf unserer großen Wiese stehen: jede Menge bunte Schüsseln, blau und rot.

Es ist wie ein Albtraum, an einem schönen warmen Sommertag.

Warum können die nicht irgendetwas Sinnvolles tun?

Ich will nicht gebadet werden!

Sogar Sophie fällt mir in den Rücken.

Was Wasser angeht, bin ich ein großer Feigling.

Nur Paul ist immer weg, wenn ich baden soll. Noch so ein Feigling.

Da bleibt nur eins, die Flucht in die Küche unter die Küchenbank.

So schnell kriegen die mich hier nicht raus. Ich bin sonst immer ganz brav, meistens zumindest, doch beim Baden ist mir alles egal.

Sophie hat mich eben gerufen. Aber sie kann warten, bis sie schwarz wird. Auch für etwas zu Essen bin ich nicht hinter meiner Küchenbank hervorzuholen.

Sophie wird langsam sauer und legt mir mein Halsband an. Bis Sophie auf ihren Liebling schlecht zu sprechen ist, dauert es schon ziemlich lange.

Aber ich will nicht!!!

Charlotte kommt zur Verstärkung.

Ich fürchte, ich bin verloren. Jetzt muss ich mit auf die Wiese. Ich versuche noch mehrmals auszubrechen, aber die zwei sind einfach zu schlau für mich.

Bathing Time Again

If there's anything I hate, it's water.

I have to take a bath every few months – a real drama!

I can spot them on our big lawn: lots of colourful bowls, blue and red.

It's like a nightmare on a beautiful warm summer day.

Why can't they do anything more useful with their time?

I don't want to take a bath!

Even Sophie betrays me.

When it comes to water, I'm a huge coward.

Only Paul is always gone when it's time for my bath. Another coward.

So all I can do is escape into the kitchen and hide under the bench.

They can't get me out from under here that easily. Usually I'm a pretty obedient dog, at least most of the time, but when it comes to my bath none of that matters to me.

Sophie just called me. But she can wait until hell freezes over. Even treats can't get me out from under the kitchen bench seat.

Sophie starts to get annoyed with me and puts my collar on. It takes quite a lot to make Sophie get angry at her darling dog.

But I don't want to take a bath!!!

Now Charlotte comes to help.

I'm afraid I've lost the fight. Now I have to go out on the lawn. I do try to break away a few more times but the two of them are just too smart for me.

Charlotte hält mich am Halsband fest. Sophie kommt jetzt mit Wasser und dem Waschlappen. Dieses komische Zeug, was die Menschen Shampoo nennen, stinkt einfach scheußlich!

Ich sag es euch. Das Wasser ist zwar schön warm, aber das tröstet mich auch nicht.

Wir Hunde haben eine andere Körpertemperatur als die Menschen, deshalb muss das Wasser schön warm sein.

Ich friere sehr schnell, weil mein Fell so kurz ist.

Die erste Schüssel mit dem stinkenden Zeugs habe ich hinter mir. Jetzt kommen der Feinwaschgang und das Spülen, bis dieses komische Zeug aus meinem Fell verschwunden ist.

Endlich geschafft!!! Ich lebe noch und bin stinksauer.

Ich werde jetzt gelobt und alle reden auf mich ein, dass ich doch wieder trocken werde und nun schön sauber bin. Überall Wasser, einfach widerlich.

Sophie hat mich noch an der Leine, sonst würde ich einfach abhauen, am besten ins nächste Blumenbeet, und mich dann ordentlich im Dreck wälzen, bis dieser komische Geruch verflogen ist.

Aber Sophie passt schon auf, dass ich hier auf der Wiese trocken werde.

Warum eigentlich waschen? Ich finde, wenn ich mich auf einem roten Acker wälze, reicht das doch auch. Sophie sieht das irgendwie anders. In diesem Punkt versteht sie keinen Spaß.

Ich auch nicht. Deshalb rede ich solange nicht mit ihnen, bis ich wieder trocken bin. Und das dauert und dauert.

Um die Schüsseln mache ich einen großen Bogen, bloß nicht noch einmal baden.

Charlotte grabs me by the collar. Sophie approaches me with the washcloth and water. This strange stuff humans call shampoo just stinks horribly!

I'm telling you. The water is pleasantly warm but that doesn't make things easier for me either.

We dogs have a different normal body temperature than humans do; that's why the water has to be nice and warm.

I get cold easily because my fur is so short.

I survived the first bowl with that stinking stuff. The next part is the delicate cycle and then rinsing until the funny stuff is removed from my fur.

Finally it's over!!! I'm still alive and really hopping mad. Everybody praises me and tells me that I'll be dry soon and that I am all clean now. There's water everywhere, disgusting, simply disgusting.

Sophie still has me on the leash; otherwise I would just run off into the next flower bed and roll in the dirt until this funny smell was gone.

But Sophie makes sure that I dry right here on the lawn.

Why should I get washed anyway? In my opinion it's good enough if I roll around in the red soil. For some reason Sophie thinks differently. She just has no sense of humour with respect to that issue.

Me neither. That's why I won't talk to them until I'm all dry again. And that takes a long time.

I give the bowls a wide berth; anything except another bath!

Irgendwie scheine ich es geschafft zu haben. Kein Wasser mehr.

Alle loben mein schönes Fell. Sophie hat mich massiert, damit ich wieder trocken werde. Das ist auch das einzig Schöne an dem ganzen Theater.

Alle sind begeistert, wie schön ich wieder bin.

Nur meine Begeisterung hält sich in Grenzen. Baden ist halt nicht mein Ding. Im Winter werde ich fast nie gebadet. Das macht ihn mir so sympathisch. Auch wenn es regnet, geh ich fast nie raus, nur wenn es unbedingt sein muss. Wenn wir spazieren gehen und ich merke, dass es bald regnen wird, streike ich und laufe keinen Schritt weiter.

Sophie und Charlotte sagen, ich sei ein Wetterfrosch. Garantiert besser als jeder Wetterdienst.

Für Regen habe ich halt den sechsten Sinn.

Wenn wir spazieren gehen und es zu regnen anfängt, verkrieche ich mich meist unter einem Wagen der Waldarbeiter oder schlage mich in die Büsche.

Da hilft auch kein gutes Zureden meiner beiden Frauen. Die haben dann eben Pech gehabt. Wasser, ob im Fluss, im See, vom Himmel, beim Baden oder wo auch immer, ist nicht mein Element.

Somehow I seem to have made it. No more water.

Everybody praises my beautiful fur. Sophie massaged my back to make me dry quicker. That's the only nice part about this whole ordeal.

Everybody goes on about how beautiful I am again.

Only I'm not all that thrilled. Taking baths just isn't my thing. In the winter I hardly ever get bathed. That's why I like winter so much. And when it rains I hardly ever go out unless I really have to. When we go for a walk and I sense that it's going to rain soon, I balk and refuse to take another step.

Sophie and Charlotte say I'm their own little weatherman. Guaranteed to be more accurate than any weather forecast.

That's because I have a sixth sense when it comes to rain. When we go for a walk and it starts to rain, I usually crawl under one of the forestry workers' carts or disappear into the hedges.

No sweet talking from my two women will help. They're just out of luck then. Water, whether in a river, a lake or from the sky, in a bath or wherever, simply isn't my thing.

Besuch am See

Paul hat sich ein Segelboot gekauft.

Jetzt fahren wir noch öfter an den See. Früher sind wir nur zum Baden hingefahren. Der See liegt in einem Tal, umringt von lauter Bergen.

Paul hat erzählt, dass da, wo heute Wasser fließt, früher Dörfer standen.

Ich kann nur hoffen, dass mit unserem Grundstück so etwas nicht passiert.

Der See hat leider nur einen Steinstrand.

Ziemlich unbequem für mich, darum bleib ich lieber zu Hause.

Sophie und Charlotte geben es aber einfach nicht auf, sie versuchen ständig, mich dazu zu bringen, ins Wasser zu gehen.

Paul sagt immer: Alle Hunde finden Wasser toll, nur Axel nicht.

Ehrlich gesagt, weiß ich überhaupt nicht, was man an Wasser toll finden kann.

Wenn Sophie oder Paul ins Wasser gehen, um zu baden, wird mir immer ganz schlecht.

Stellt euch nur vor, wenn den beiden was passiert, müsste ich ins Wasser, um sie zu retten, dabei weiß ich gar nicht, ob ich schwimmen kann.

Charlotte sagt, dass alle Hunde von Natur aus schwimmen können.

Das bedeutet: ich müsste Herrchen und Sophie retten.

Was für ein Albtraum! Ich im Wasser und dann auch noch schwimmen. Zum Glück können die beiden gut schwimmen, sodass ich mich weiter mit meinem Stock beschäftigen kann.

Going to the Lake

Paul has bought himself a sailboat.
Now we go to the lake even more frequently than before.
We used to go there only for a swim. The lake is in a valley surrounded by a mountain range.
Paul says that there used to be villages where there is now water.
I only hope that this won't happen to our property.
Unfortunately the lake only has a rocky shore.
Pretty uncomfortable for me; that's why I prefer staying at home.
Yet Sophie and Charlotte don't ever give up; they constantly try to get me to go into the water.
Paul keeps saying: All dogs love water, only Axel doesn't.
To be honest: I have no idea whatsoever what's supposed to be so great about water.
When Sophie or Paul go into the water, I feel really sick.
Just imagine – if something happened to one of them, I'd have to go into the water to rescue them though I don't even know if I can swim.
Charlotte says all dogs are natural swimmers.
That means I'd have to rescue my master and Sophie.
What a nightmare! Me in the water, swimming. Luckily they can both swim pretty well so I can just tend to my stick.

Als Sophie und Paul mit dem Segelboot los sind, dachte ich, ich müsste verrückt werden.

Ich allein mit Charlotte.

Die kann übrigens auch nicht im See schwimmen. Das ist ihr zu unheimlich.

Nur von mir wird verlangt, dass ich es gern haben soll.

So ein Blödsinn.

Der See hat eine Sperrmauer, und manchmal wird das Wasser aus dem See abgelassen. Dann gefällt er mir am besten.

Der Strand ist so breit, dass ich rennen kann, soviel ich möchte. Das bringt dann eine Menge Spaß! Hoch und runter in einem Affenzahn, bis ich müde bin und wir wieder nach Hause fahren.

When Sophie and Paul sailed off in the boat, I thought I'd go crazy.

Me alone with Charlotte.

Who, by the way, can't swim in the lake, either. She's too scared.

Yet they expect me to enjoy it.

What nonsense.

The lake has a dam and sometimes the water is drained from the lake. That's when I like it best.

Then the shore is so wide that I can run around as much as I want to. That's so much fun! Up and down over the white sand at top speed until I'm all tired out and we drive back home.

Abschied von Sophie

Nach so einem schönen Tag heißt es dann Abschiednehmen von Sophie.

Sie wohnt die meiste Zeit woanders. Irgendwo in einer großen Stadt. Leider in einer zu kleinen Wohnung, sodass ich dort nicht leben kann.

Wenn Sophie mit ihren Taschen ankommt, ahne ich bereits, dass sie wieder fort muss.

Dann sind wir beide immer ziemlich traurig. Wir verstehen uns doch so gut. Mir geht es nur richtig gut, wenn die ganze Familie zusammen ist. Dann ist hier richtig was los. Auch wenn Paul und Charlotte ohne mich Urlaub machen und ich mit Sophie allein bin, vermisse ich die anderen.

Ich bin halt ein Familienhund.

Wenn Sophie kommt, ist die Freude darüber einfach unbeschreiblich groß und der Abschied unbeschreiblich schwer. Ich bin so sauer, dass sie mich nicht mitnimmt oder einfach hierbleibt, und zwar für immer.

Versteh einer diese Menschen.

Manchmal sind die ganz schön kompliziert.

Auf das Abschiednehmen könnte ich glatt verzichten.

Goodbye, Sophie!

After such a beautiful day I always have to say goodbye to Sophie.

She lives somewhere else most of the time. Somewhere in a big city. Unfortunately her apartment is too small for me to live in.

When Sophie comes down with her bags, I sense right away that she has to leave again.

Then we are both always very sad. That's because we get along so well. I only feel perfectly happy when my whole family is here together. Then things here are really rolling. And when Paul and Charlotte go on vacation without me and I'm alone with Sophie, I miss the other family members, too.

That's because I'm a family dog.

When Sophie arrives, my joy is overwhelming, and it is incredibly hard to say goodbye to her again. I'm so angry that she won't just take me with her or just stay here forever.

Try to understand these humans.

Sometimes they can be pretty complicated.

I really could do without saying goodbye.

Besuch beim Tierarzt

Ich habe Fieber, und mir geht es hundeelend. Bin total neben der Spur. Müde, schlapp, keinen Appetit!

Sophie sagt, dass ich zum Tierarzt muss.

Christian Heinrich heißt er. Ich komme gerade noch mit letzter Kraft in diese blöde Praxis.

Hier riecht es so scheußlich, dass mir zu allem Übel noch schlecht wird.

Jetzt muss ich auf diesen komischen Tisch. Nein, wie schrecklich. Ich stell mich immer furchtbar an, obwohl ich hier schon öfter war und ich wieder lebendig nach Hause gekommen bin.

Mein Misstrauen ist immer gleich groß.

Es ist wie mit dem Baden: Obwohl Christian ja eigentlich ganz nett ist, bin ich immer schrecklich aufgeregt, wenn ich zum Doktor muss. Das hängt sicher damit zusammen, dass ich den Pieks beim ersten Impfen so schlecht in Erinnerung habe. Es kann zumindest ein Grund dafür sein, dass ich meinem Arzt doch sehr kritisch gegenübersteh.

Meine Diagnose ist eine heftige Infektion. Ich muss sogar Antibiotika nehmen.

Dann ist es wohl sehr schlimm?

Paul sagt immer, dass man solche Dinger nur dann nehmen sollte, wenn es gar nicht mehr anders geht.

Ich bin anscheinend richtig krank.

Doktor Heinrich sagt, dass es sein kann, dass ich mal wieder Wasser aus einer Pfütze getrunken habe. Das Wasser war anscheinend nicht in Ordnung. Vielleicht sollte ich besser auf meine Familie hören und Wasser nur zu Hause trinken.

A Visit to the Vet

I'm running a fever and feel doggone wretched. I'm completely out of it. Tired, weak, no appetite!
Sophie says I've got to be taken to the vet.
His name's Christian Heinrich. With my last bit of energy I barely make it into his stupid office.
It smells so awful in here that I feel sick to my stomach on top of everything else.
Now they lift me onto this strange table. How horrible! I always make a big fuss even though I've been here several times and always got back home alive.
My distrust always stays the same, though.
It's the same as with bathing: Though Christian is basically nice enough, I'm always terribly agitated when I have to see the doctor. It probably has to do with the fact that I have a nasty memory of the first shots I ever got. At least that could be one reason why I'm very critical towards my vet.
I am diagnosed with a severe infection. I even have to take antibiotics.
So it must be very serious.
Paul always says that you should only take this stuff if nothing else works.
Apparently I'm very ill.
Doc Heinrich says it's possible that I drank water from a puddle again. Apparently the water was contaminated. Perhaps I should listen to my family and only drink water at home.

Jetzt bin ich wieder zu Hause. Die Tabletten wirken schon. Paul hat große Schwierigkeiten, sie mir in das Essen hineinzumogeln.

Sowas rieche ich überall heraus.

Ich glaub, er hat sie jetzt so gut versteckt, dass ich sie nicht mehr aufspüren kann.

Überlistet!

Christian Heinrich hat mir wie immer gut geholfen. Doch trotzdem werde ich dort nie gern hingehen. Da kann er machen, was er will.

Nein, so ein Besuch beim Tierarzt ist alles andere als erfreulich.

Now I'm back home. The medication is already working. It's very hard for Paul to smuggle the tablets into my food. I can smell stuff like that no matter what it's hidden in. I think he's concealed them so well now that I can no longer detect them.

Tricked!

Christian Heinrich has helped me as always. But still I'll never go there willingly, no matter what he does.

No, a visit to the vet's is anything but pleasant.

Im Wald

Im Wald gehe ich gern spazieren, auch wenn ich da manchmal an die Leine muss.
Ich liebe lange Spaziergänge, am liebsten mit Sophie.
Ich habe so viel zu schnuppern, dass ich dann besonders wachsam bin.
Es riecht hier nach so vielen Pflanzen, die nicht bei uns im Feld wachsen. Da gibt es im Frühling zum Beispiel den Waldmeister und die Schlüsselblumen.
Außerdem wimmelt es nur so von Reh-, Hirsch- und Wildschweindüften. Ganz interessant riechen tut es ja. Schon spüre ich mein Verlangen, mal ein Reh zu jagen. Essen würde ich es nie!
Ich bin aber nur auf kurzen Strecken richtig schnell, dann geht mir die Puste aus.
Ich esse lieber Charlottes Essen. Das wird mir einfach serviert. Darum muss ich mich nicht selber kümmern.
Ich bin viel zu faul, um zu jagen.
Sophie hat mir erzählt, dass junge Löwen erst sehr spät lernen, ihre Beute selber zu erlegen.
So etwas soll ziemlich schwierig sein.
Ich schwöre da mehr auf Charlotte. Ich esse sowieso lieber Huhn und Rigatoni.
Im Wald habe ich noch nie gejagt.
Ich bin schon mal abgehauen und hinter einem Reh hergelaufen, aber nach fünfhundert Metern ging mir die Puste aus.

In the Woods

I like to go for walks in the woods even though sometimes I'm kept on the leash.

I love long walks – particularly with Sophie.

There's so much to sniff there that I'm especially alert.

You can smell so many plants that don't grow in our field; in the spring there are woodruff and primroses, for example.

You also smell the scent of deer, stag, and wild boar. It does smell interesting. I already feel the desire to hunt a deer. I'd never eat it, though!

I'm only really fast on short distances and get out of breath quickly.

I prefer to eat Charlotte's food. It's simply served to me. I don't have to do anything to get it.

I'm much too lazy to go hunting.

Sophie told me that young lions learn very late how to catch their own prey.

It's supposed to be pretty hard to do.

I'd rather rely on Charlotte. I prefer chicken and rigatoni anyway.

I've never hunted in the woods.

I did run away once and chased a deer but after about fifteen hundred feet or so I ran out of breath.

Es gibt einen Jäger, der behauptet doch glatt, ich hätte schon mal einen Hasen gefangen. Komisch, ich bin jetzt schon ziemlich alt und habe noch nicht einmal eine Maus gefangen, und da soll ich einen Hasen gefangen haben, einfach unglaublich.

Der wollte bestimmt nur Paul ärgern.

Auf jeden Fall hat meine Versicherung den Hasen ersetzt, obwohl ich unschuldig war. Paul hätte mich besser verteidigen müssen.

Dieser komische Typ hätte zumindest erst einmal beweisen müssen, dass ich es getan habe.

Bis zu diesem Zeitpunkt gilt die Unschuldsvermutung. Sophie hätte den Hasen bestimmt erst dann gezahlt, wenn zweifelsfrei feststehen würde, dass ich der Täter gewesen bin.

Sophie sagt, das mit dem Hasen und mir sei der größte Blödsinn, den sie je gehört habe. Ihr saß ein Hase fast auf dem Schuh, und ich habe ihn nicht bemerkt.

Die Luft ist hier noch viel besser als bei uns im Garten. Hier kann ich mir in aller Ruhe ein schönes Örtchen suchen, wo ich mein Geschäft erledigen kann.

Meine Familie sagt, das dauere bei mir immer Stunden, bis ich die richtige Ecke gefunden habe.

Ich renn bestimmt tausendmal hin und her und wieder hin, bis ich den Ort gefunden habe, der mir zusagt. Meine Lieblingsorte für mein Geschäft sind weit im Wald drin, nie auf einem Weg.

Nachher wird alles mit Laub zugebuddelt. So bin ich auch umweltfreundlich. Das habe ich mit Sophie gemeinsam. Manchmal joggen wir auch durch den Wald. Das find ich nicht so toll. Zum Riechen und Schnuppern geht es einfach viel zu schnell.

There's this hunter who claims that I caught a rabbit once. Funny – I'm pretty old now and have never even caught a mouse but I'm supposed to have caught a rabbit, incredible, just incredible.

He probably just wanted to mess with Paul.

In any case my insurance paid for the rabbit even though I was innocent. Paul should've defended me better.

At the very least that wacko should have first had to prove that I had really done it.

Until then the presumption of innocence should apply. Sophie certainly would've only paid for the rabbit if there was no doubt whatsoever that I was the culprit.

Sophie says the story about me and the rabbit is the biggest nonsense she's ever heard. One time a rabbit almost sat on her foot and I didn't even notice it.

The air is a lot better here than in our yard. Here I can take my sweet time to look for a nice spot where I can do my business.

My family says that it takes hours until I've found the right location.

No doubt I probably run back and forth a thousand times until I've found just the right spot. My favourite spots for my business are deep in the woods, never on a walking path.

Afterwards I cover everything with leaves. This way I also protect the environment. That's what I have in common with Sophie. Sometimes we jog through the woods, too. I don't like that as much. It's simply much too fast for smelling and sniffing.

Sophie läuft mit mir auch ohne Leine. Bei ihr gehorche ich am besten. Sogar der Förster hat es ihr erlaubt. Das will schon was heißen. Sonst sind diese Förster und Jäger einfach sowas von pingelig mit dieser blöden Anleinerei. Ich sei ja ein Jagdhund und würde bestimmt jagen!
Die haben einfach keine Ahnung.
Wenn man ein so großer Hund ist, wird man oft verurteilt, obwohl man unschuldig ist.
„Der beißt bestimmt" und lauter so Unsinn. Dabei bin ich doch sanftmütig wie ein Reh. Oder heißt es Lamm? Sophie könnte sich stundenlang über diese Leute aufregen. Die behaupten oder vermuten irgendetwas und kennen mich gar nicht.
Die einzigen Hunde, die hier durch den Wald düsen, sind diese kleinen Kläffer. Da regt sich keiner auf, weil denen ja aufgrund ihrer Größe sowieso keiner zutraut, ein Reh zu jagen.
Sophie sagt immer, diese kleinen Biester seien viel schlimmer, und wo sie Recht hat, hat sie Recht.
Ich kenn die vom Hundetreff und aus der Nachbarschaft. Einfach viel zu anstrengend, diese kleinen Hundemäuse.
Wenn ich mit Sophie ohne Leine durch den Wald laufe, muss ich immer in ihrer Reichweite bleiben. Der Förster spricht von Einwirkungsbereich. Die Leine ist nur für Notfälle. Unsere Waldspaziergänge sind immer sehr schön. Oft gehen wir erst durch den Wald bis zu unserem Lieblingsplatz. Jeder Spaziergang ist was ganz Besonderes, es sei denn, es regnet.

Sophie also takes off my leash while we're running. I obey her better than anyone else. Even the forest warden has permitted her to do so. And that says something. Usually these forest warden and hunters are terribly nitpicky when it comes to this stupid rule of keeping dogs on the leash. They say I'm a hunting dog and would be likely to hunt wild animals!

They don't know what they're talking about.

When you're a large dog, you're often convicted even though you're innocent.

"He'll probably bite" and nonsense like that. Yet I'm as gentle as a deer. Or was it as a lamb? Sophie can get exasperated with people like that for hours. They claim or assume something without even knowing me.

The only dogs that race through the woods here are these yappy little dogs. Yet nobody gets worked up about them because they're so small that no one thinks they could hunt deer.

Sophie always says that these little beasts are a lot worse, and when she's right, she's right.

I know them from the meeting place for dogs and our neighbourhood. Just way too strenuous, these little pooches. When I walk without a leash through the woods with Sophie, I always have to stay close to her. The forest warden calls that the zone of influence. My leash is only for emergencies. Our walks in the woods are always wonderful. We often stroll through the woods to our favourite spot. Every walk is special – that is, unless it rains.

Unser Lieblingsplatz

Sophies und mein absoluter Lieblingsplatz zum Spazierengehen ist das Feld beim alten Forsthaus.

Die Felder, Wiesen und Äcker liegen in einem wunder-
schönen Tal am Fuße unseres Stadtwaldes. Hier bin ich
immer ohne Leine, kann laufen, laufen und nochmals
laufen, soviel ich will.

Ich bin jetzt schon älter und längst nicht mehr so ein guter
Läufer wie früher.

Wir besuchen immer die Kühe und die Pferde.

Oben auf dem Berg am Wald liegen wir dann stundenlang in der Sonne und lassen es uns gut gehen.

Hier habe ich eine Aussichtsplattform, von der ich das
ganze Tal besichtigen und beobachten kann.

Wir spielen entweder mit einem Stock oder unser
Mäusespiel.

Sophie fragt mich immer: „Axel, wo ist die Maus?". Oder
auch: „Such die Maus!"

Ich suche und suche nun schon seit vielen Jahren, aber
eine Maus habe ich noch nie gefunden, geschweige
denn gefangen.

Gelegentlich sehe ich so ein Mäuschen an meiner Nase
vorbeihuschen.

Alles andere ist mir viel zu anstrengend.

Ich bin den Löwen eben doch sehr ähnlich. Das Jagen
will gelernt sein. Eine Mami, die mir vormacht, wie es
richtig geht, habe ich auch nicht.

Our Favourite Spot

Sophie's and my most favourite spot for a walk is the field by the old forest warden's lodge.

The meadows and fields are in a lovely valley at the foothills of our municipal forest. I always get to run, run, and run some more to my heart's delight without being on the leash.

I'm older now and not as good a runner as I used to be. We always visit the cows and the horses.

Then we lie for hours on top of the hill at the edge of the woods, enjoy the sun, and relax.

There I have an observation deck where I can view the whole valley and watch what's going on.

We either play fetch-the-stick or our mouse game.

Sophie then asks me, "Axel, where's the mouse?" or "Look for the mouse!"

I have been looking and looking for many years now but I've never found, much less caught a mouse.

Occasionally I see a tiny mouse scurry past my nose. Anything more than that is much too strenuous for me.

I guess I'm a lot like a lion. Hunting's something you have to learn. I don't have a mummy who could show me how to do it right, either.

Bei den Löwen zeigt die Löwenmutter den Kleinen, wie gejagt wird. Die müssen ganz schön lange in die Schule gehen, bis es dann klappt und sie sich selbst ernähren können.

Das ist ziemlich kompliziert.

Ich bin zwar ein Jagdhund, aber bei mir ist nur noch der Instinkt übrig geblieben. Ich bin doch viel zu faul. Manchmal liest Sophie mir auch aus einem Buch vor. Das ist dann fast so schön wie Musik hören.

Zu jeder Jahreszeit sieht es hier ganz anders aus. Am schönsten finde ich es im Frühling, wenn der Raps blüht. Grün und Gelb sind meine Lieblingsfarben.

Das ist unser Lieblingsplatz, ein kleines Paradies. Wenn dann auch noch Tobias mitkommt oder Igo, ist alles noch viel schöner.

Manchmal spielen sie so lustige Spiele wie Chor und Dirigent.

Tobias dirigiert, und alle anderen müssen singen.

Ich steh ja mehr auf Schubert. Ich glaub, die müssen noch eine ganze Menge üben.

Wir haben immer jede Menge Spaß auf unserem Lieblingsplatz.

In lion families the mother lions show their cubs how to hunt prey. They have to go to school for a very long time until they can do it well enough to feed themselves.

It's pretty complicated.

Though I'm a hunting dog, all I have left are my instincts. I'm much too lazy after all. So Sophie sometimes reads a book to me. That's almost as pleasant as listening to music. In every season things look different. I like it best in spring when rapeseed is blooming. Green and yellow are my favourite colours.

That's our favourite spot, a little paradise. Everything's even more wonderful when Toby or Igo come along, too. Sometimes they play funny games like chorus and conductor.

Then Toby conducts and the others have to sing.

I myself prefer Schubert. I think they will still have to practice a lot.

We always have lots of fun in our favourite spot.

Hundealltag

Jeden Morgen muss ich um acht Uhr aufstehen. Meistens weckt mich Paul.

Wenn es nicht gerade regnet, muss ich dann auch aufstehen. Wenig später ist Hundetreff. Danach brauch ich erst einmal eine Pause. Dann bin ich am liebsten in der Küche.

Was gibt es wohl heute zum Mittagessen? Das ist die Frage, die mich um diese Zeit am meisten beschäftigt.

Ob ich auch was kriege? Das ist hier die Frage!

Wenn Sophie da ist, gehen wir noch mal 'ne Runde vor dem Essen.

Meistens ist der nächste Termin zum Spazierengehen um drei Uhr nachmittags angesetzt oder so ähnlich.

Im Sommer liege und spiele ich fast den ganzen Tag im Garten. Den liebe ich sehr.

Am frühen Abend ist es dann soweit. Da wird mir meine Hauptmahlzeit serviert. Nach dem Essen bin ich immer außer Rand und Band. Da könnte ich toben bis zum Umfallen, obwohl Paul sagt, dass Toben mit vollem Bauch vielleicht nicht so gut ist. Ich hab davon noch nie was gemerkt und tobe schon mein ganzes Leben nach dem Essen.

Ich bin dann einfach superstark.

Dann höre ich Musik oder dem Fernseher zu.

Am späten Abend gehen wir dann ein letztes Mal raus. Diese Nachtwanderungen gefallen mir besonders gut. Manchmal darf auch Tobias mit einer Laterne mitgehen. Das findet er dann ganz toll.

A Dog's Day

Every morning I have to get up at eight. Usually Paul wakes me up.

When it's not raining, I have to get up. Not long after that we go to the meeting place for dogs. Afterwards I need a break. That's when I prefer to stay in the kitchen.

What's for lunch today? That's the question that's foremost on my mind at this time of day.

Will I get something to eat, too? That's the question!

When Sophie's around, we take another walk before lunch.

Usually the next time for a walk is scheduled for about three in the afternoon.

In the summer I spend almost the whole day lying in the yard and playing, which I really love.

Early in the evening is my feeding time. That's when I get my main meal. Afterwards I always go crazy. That's when I could run around until I'd drop though Paul says running with a full stomach might not be a good idea. I've been running around after supper my whole life and have never had any problems.

That's when I'm bursting with energy.

After that I listen to music or watch TV.

Late in the evening we go outside for one last time. I particularly like these night walks. Sometimes Toby gets to come along with a lantern. He really enjoys that.

Danach muss ich ins Bett, ob ich will oder nicht. Und meistens will ich nicht.

Nur wenn Sophie da ist, ist alles etwas lockerer, und wir hören noch Musik, oder ich bekomme entweder eine Geschichte oder aus der Zeitung vorgelesen.

An warmen, langen Sommerabenden sind wir noch sehr lange im Garten.

Alles in allem bin ich ein sehr zufriedener Hund.

Ich belle nur, wenn es sich auch richtig lohnt. Zum Beispiel wenn ich jemanden nicht leiden kann oder einer versucht, unser Auto zu klauen. Also sehr selten, es sei denn, ich bin sehr wütend, aber bei mir dauert das mit dem Wütendwerden meist sehr lang.

Doch wenn ich so richtig wütend bin, ist mit mir nicht zu spaßen.

In der Nachbarschaft gibt es so eine kleine Hundemaus, die bellt fast den ganzen Tag.

Aber so viele Einbrecher kann es doch gar nicht geben? Die kann halt nicht abwägen, wer gefährlich ist und wer nicht. Mir geht das ganz schön auf die Nerven.

Also belle ich nur, wenn es sein muss. Ich habe gelernt mich auch anders zu artikulieren. Das funktioniert immer. Sophie spricht fast meine Sprache. Sie sagt den anderen immer, dass unser Körper spricht und zwar die ganze Zeit, es sei denn wir schlafen. Das nennt man auch die Körpersprache.

An sonnigen Tagen bin ich fast nur im Garten und schau meiner Familie bei der Arbeit zu. Wenn es mir zu heiß wird, lege ich mich in den Schatten. So wechsele ich alle paar Minuten meinen Platz. Zwischendurch muss ich auch immer wieder ganz viel schlafen.

Then I have to go to bed whether I want to or not. Usually I don't.

Only when Sophie's around are things more relaxed and we either listen to music or she reads me a story or something out of the newspaper.

On long warm summer evenings we stay in the yard a long, long time.

All in all I'm a very content dog.

I only bark when it's really worth it. For instance if there's someone I don't like or if somebody tries to steal our car.

So that's very rare unless I'm really enraged but it usually takes a very long time for me to become angry.

But when I'm extremely angry, I don't fool around.

There's this little female pooch in the neighbourhood that keeps barking almost all day.

Surely there can't be that many burglars in the neighbourhood? She just can't tell who's dangerous and who's not. That really gets on my nerves.

So I only bark if it's necessary. I've learned to communicate in different ways as well. It works every time. Sophie almost speaks my language. She keeps telling the others that our bodies communicate all the time unless we're sleeping. You call that body language.

On sunny days I'm usually in the yard, watching my family doing the gardening. When it gets too hot for me, I lie in the shade. So I keep changing my spot every few minutes. In between I have to sleep a lot.

Die Kinder darf ich nicht vergessen. Die mag ich besonders gern. In unserer Nachbarschaft ist eine Grundschule. Die Kinder lieben mich sehr. Sie fragen immer nach mir und wollen mich streicheln. Dieser Zuspruch gefällt mir sehr. Außerdem mache ich manchmal jede Menge Blödsinn. Stehle die Eier aus der Speisekammer oder was ich sonst noch so bekommen kann.

Je älter ich werde, desto weniger Blödsinn mache ich, dafür werde ich immer eigensinniger.

Das ist mein Hundealltag. Und noch viel, viel mehr.

I mustn't forget the children. I like them particularly well. There's a primary school in our neighbourhood. The children love me dearly. They always ask about me and want to pet me. I really enjoy their affection. Sometimes I do a lot of mischief – steal the eggs out of the pantry or whatever I can get my paws on.

The older I get, the less mischief I do but the more stubborn I become.

That's my life as a dog. And lots, lots more.

Im Hundehimmel

Heute ist der 19.12.2002.

Es geht mir schon seit Tagen gar nicht gut. Immer wieder habe ich Krämpfe. Sagt zumindest die Tierärztin. Zu der Praxis von Christian Heinrich schaff ich es nicht mehr.

Ich muss jetzt Medikamente nehmen. Ich will nur noch schlafen, meine Umwelt nehme ich kaum noch wahr. Selbst meine Familie erkenn ich nicht immer.

Heute geht es mir besonders schlecht. Sie sagen, mit meinem Kopf sei etwas nicht in Ordnung. Da ist was drin, was da nicht reingehört.

Sophie ist nicht da. Wo bleibt sie nur? Ich kann ihr nicht mehr auf Wiedersehen sagen.

Ich bin jetzt im Hundehimmel.

Ich seh, dass alle furchtbar traurig sind, weil ich nicht mehr da bin. Vor allem Sophie. Dabei geht es mir hier gut.

Ich treffe hier viele, die ich schon lang nicht mehr gesehen habe. Auch mein Freund Igo ist jetzt bei mir. Ich bin jetzt immer auf meinem Lieblingsplatz und fast überall. Nur mein Körper liegt bei euch im Garten - da wo sonst die Afrikalilien standen, wachsen nun rote Rosen und Lavendel.

Ich werde immer bei euch sein.

In Liebe, euer Axel.

In Dog Heaven

Today is the 19th of December, 2002.

I've been feeling bad for days. I keep getting seizures. At least that's what the vet says. I no longer make it to Christian Heinrich's office.

Now I have to take medication. All I want to do is sleep; I hardly notice anything around me any more. There are times when I don't even recognize my own family.

Today I feel especially miserable. They say something's wrong with my head. There's something inside that doesn't belong there.

Sophie's not there. What's keeping her? I can't say goodbye to her.

Now I'm in dog heaven.

I can see that everybody is awfully sad because I'm no longer around, most of all Sophie. Yet I'm happy here.

I meet a lot of people and dogs I haven't seen for a while. My friend Igo is with me now, too. Now I'm always in my favourite spot and almost everywhere. Only my body's with you in your yard – red roses and lavender now grow in the spot where the African lilies used to be. I'll always be with you.

Love, Axel.

ISBN: 978-3-9815859-1-9
© Susan Röse Verlag, Hamburg 2014
Avenariusstraße 15
22587 Hamburg
© Susan Röse
Übersetzung/Translation: Johanna Ellsworth
Lektor/Editor: Michael Hein
Gesamtherstellung/Production: Lithotec Oltmanns, Hamburg